BEI GRIN MACHT SICH IHR WISSEN BEZAHLT

Selbstwirksamkeit, emotionales Marketing und Motivation

Anja Warta

Bibliografische Information der Deutschen Nationalbibliothek:

Die Deutsche Nationalbibliothek verzeichnet diese Publikation in der Deutschen Nationalbibliografie; detaillierte bibliografische Daten sind im Internet über http://dnb.d-nb.de abrufbar.

ISBN: 9783346854216
Dieses Buch ist auch als E-Book erhältlich.

Druck und Bindung: Books on Demand GmbH, Norderstedt Germany
Gedruckt auf säurefreiem Papier aus verantwortungsvollen Quellen

Das vorliegende Werk wurde sorgfältig erarbeitet. Dennoch übernehmen Autoren und Verlag für die Richtigkeit von Angaben, Hinweisen, Links und Ratschlägen sowie eventuelle Druckfehler keine Haftung.

Das Buch bei GRIN: https://www.grin.com/document/1349532

Einsendeaufgabe

Allgemeine Psychologie 2

Alternative A

Abgegeben am 31.01.2023 per Online-Einsendung

SRH Fernhochschule - The Mobile University

Modul: Allgemeine Psychologie 2

Studiengang: B.Sc. Psychologie

Von

Anja Warta

Inhaltsverzeichnis

Abkürzungsverzeichnis

Abb.	Abbildung
Aufl.	Auflage
BMAS	Bundesministerium für Arbeit und Soziales
Bsp.	Beispiel
bspw.	beispielsweise
engl.	englisch
et al.	et alii (und andere)
etc.	et cetera
mind.	Mindestens
S.	Seite
Tab.	Tabelle
vs.	versus
Vgl.	vergleiche
WOM	Word Of Mouth
z.B.	zum Beispiel

Tabellenverzeichnis

Abbildungsverzeichnis

1. Selbstwirksamkeit (self-efficacy)

Zu Beginn dieser Arbeit wird nun der Begriff der Selbstwirksamkeit erläutert und dessen Modell definiert, um einen ersten Überblick zu schaffen. Nachfolgend wird darauf eingegangen, welche Rolle die Selbstwirksamkeit in der Gesundheitsprävention des Menschen spielt und welche sonstigen Faktoren präventive Maßnahmen zusätzlich unterstützen können.

1.1 Das Modell der Selbstwirksamkeit

In der Psychologie versteht man unter Selbstwirksamkeit die **Überzeugung**, bestimmte **Situationen** aus **eigener Kraft** heraus **bewältigen** zu können. Dabei handelt es sich insbesondere um neue und schwierige Anforderungssituationen, welche häufig ein hohes Maß an Ausdauer und Anstrengung erfordern. [1]

Geprägt wurde der Begriff Selbstwirksamkeit in den 1970er Jahren durch den kanadischen Psychologen *Albert Bandura*. Ihm zufolge stellte sich die Selbstwirksamkeit als zentrale Größe beim Lernen und Handeln heraus. Seine sozial-kognitive Lerntheorie nahm einen großen Einfluss auf die generelle Lernforschung und prägte somit die Entwicklung zukünftiger Theorien. [2] Bandura selbst definiert den Begriff wie folgt:

"It is concerned not with the skills one has but with the judgements of what one can do with whatever skills one possesses." (Frey 2016)

Ebenfalls war er der Meinung, dass Urteile außenstehender Personen die eigene Selbstwirksamkeit sowohl positiv als auch negativ beeinflussen können. Wenn andere Menschen beispielsweise häufig daran glauben, dass jemand in einer gewissen Situation Erfolg haben wird, so kann dies dazu beitragen, dass diejenige Person selbst ebenfalls davon überzeugt ist, die besagte Situation zu meistern. Auf der anderen Seite kann dies auch bei negativen Urteilen Anderer dazu führen, dass man selbst nicht daran glaubt, eine gewisse Anforderung bewältigen zu können.

---

[1] *Frey* (2016), S. 202; *Müsseler/ Rieger* (2017), S. 242; *Schmithüsen* (2014), S. 296
[2] Vgl. *Bak* (2019), S. 43

Im Extremfall spricht Bandura von einer selbst-erfüllenden Prophezeiung (Pygmalion-Effekt) oder Prozessen der Erwartungsbestätigung. [3]

Aufbauend auf seinem Konzept der kognitiven Basisfähigkeiten ging Bandura davon aus, dass der Mensch sein Verhalten und seine Entwicklung selbst aktiv regulieren könne. Die Selbstregulation geschehe durch folgende drei Mechanismen: der Selbstverstärkung, den Ergebniserwartungen und der Selbstwirksamkeitserwartung. Zusammen bilden die drei Mechanismen das sogenannte **Selbstsystem** (engl. *self-system*) Die einzelnen Komponenten werden nun nachfolgend etwas genauer beschrieben.

1.1.1 Die Selbstverstärkung

Mit Selbstverstärkung meint man, dass Personen ihr eigenes Verhalten, beispielsweise durch eine Belohnung von ihnen selbst, verstärken.

1.1.2 Die Ergebniserwartung

Ergebniserwartungen zielen darauf ab, welche Art von Ergebnissen oder Konsequenzen man von einer bestimmten Situation erwartet. Diese können sich beispielsweise darauf beziehen, ob eine gewisse Aufgabe leicht oder schwer auszuführen ist, oder ob man Lob bzw. Tadel durch Andere ernten könnte. Beispiel: "Das wird schlecht ausgehen." vs. "Das wird bestimmt toll!"

1.1.3 Die Selbstwirksamkeitserwartung (self-efficacy)

Darunter versteht man die Erwartung, zu einem bestimmten Verhalten in der Lage zu sein bzw. ob der Mensch selbst daran glaubt, etwas schaffen zu können, oder nicht. Dies kann sich beispielsweise auf eine Prüfungssituation beziehen, in der man erlernte Inhalte wiedergeben soll. ("Ich kann das!" vs. "Ich kann das nicht.") In diesem Sinne wird auch von subjektiven Kompetenzerwartungen gesprochen. [4]

---

[3] Vgl. *Frey* (2016), S. 203
[4] *Neyer/ Asendorpf* (2018), S. 191; *Rauthmann* (2017), S. 184-185

Das Konzept der Selbstwirksamkeitserwartung zeigt darüber hinaus einige Überschneidungen zum **Locus of control** auf. Dieses psychologische Konzept stammt von *Rotter* und beschreibt die Überzeugung der eigenen Kontrolle über Erfolg und Misserfolg. (=Kontrollüberzeugungen) Handlungsfolgen selbst unter Kontrolle zu haben beschreibt eine internale Kontrolle, hingegen das "Opfer" einer Situation zu sein der externalen Kontrolle gleichen würde. Individuen mit internaler Kontrollüberzeugung sind der Meinung, dass Handlungsfolgen den eigenen Fähigkeiten und Kontrolle obliegen und zeigen daher z.b. hohes Engagement, um Erfolg zu erzielen. Menschen mit externaler Kontrollüberzeugung sind eher davon überzeugt, dass Auswirkungen außerhalb ihrer Kontrolle liegen und beispielsweise dem Glück oder der Aufgabenschwierigkeit zuzuschreiben sind. [5] Ein Gefühl der Selbstunwirksamkeit (engl. *self-inefficacy*) kann wiederum zu Mutlosigkeit oder Apathie führen. Die Wahrnehmung der eigenen Selbstwirksamkeit beeinflusst demnach zum Beispiel, welche Bewältigungsstrategien in Belastungssituationen angewandt werden. [6] In der nachfolgenden Tabelle wird beschrieben, wie sich hohe bzw. niedrige Ergebnis- und Selbstwirksamkeitserwartung äußern können.

Ergebniserwartung	Selbstwirksamkeitserwartung	
	Hoch („Das kann ich!")	Niedrig („Das kann ich nicht!")
Hoch („Das bringt was!")	– Angemessenes, sicher ausgeführtes Verhalten – Positives Engagement – Persönliche Zufriedenheit	– Hilflosigkeit – Verzweiflung – Selbstabwertung
Niedrig („Das bringt nichts!")	– Negative Emotionen – Protest – Milieuwechsel	– Resignation – Apathie

Tab. 1.: Auswirkungen von hoher vs. niedriger Selbstwirksamkeitserwartung (Quelle: übernommen aus Rauthmann (2017), S. 186)

Das Konzept der Selbstwirksamkeitserwartung gewann auch im deutschsprachigen Raum immer mehr an Bedeutung. Insbesondere wurde der Theorie von Bandura im Bereich der pädagogisch-psychologischen Motivationsforschung eine hohe praktische Bedeutung zugesprochen. [7] Als nächstes folgt nun ein Blick in die Praxis, um aufzuzeigen, wie sich das Konzept der Selbstwirksamkeit im Alltag auswirken kann.

---

[5] *Frey* (2016), S. 193; *Jansen* (2018), S. 33; *Neyer/ Asendorpf* (2018), S. 191; *Schmithüsen* (2015), S. 296
[6] Vgl. *Jansen* (2018a), S. 41
[7] Vgl. *Krapp/ Ryan* (2002), S. 54

1.2 Selbstwirksamkeit in der Praxis

Faszinierende Beispiele zum Konzept der Selbstwirksamkeit sind unter anderem aus dem Sport bekannt. Dazu werden zwei Phänomene nun etwas genauer unter die Lupe genommen.

1.2.1 Weitsprung

Bob Beamon gelang es bei den Olympischen Sommerspielen 1968 einen neuen Weltrekord im Weitsprung aufzustellen. Er schaffte es dabei, den bisherigen Rekord um 60cm zu übertreffen. Seine Leistung wurde als so außergewöhnlich angesehen, dass man auch nach einer außergewöhnlichen Erklärung dafür suchte. Als Erklärung des neuen Weltrekordes wurde nicht Beamons Leistung angesehen, sondern vielmehr die vermeintliche Höhenlage Mexikos. Es dauerte ganze 23 Jahre, bis ein neuer Rekord aufgestellt wurde. Bandura geht davon aus, dass die "falsche" externale Ursachenzuschreibung die Ursache sein könnte. Möglicherweise haben nachfolgende Athleten aufgrund der Umstände nicht einmal in Betracht gezogen, eine vergleichbare Leistung ablegen zu können. Als der Rekord 1991 von Mike Powell endlich übertroffen wurde, schien der "Bann" aufgehoben zu sein und die Jahre darauf folgten wieder mehrere Rekordbrüche.[8]

1.2.2 Die Vier-Minuten-Meile

Ein ähnliches Beispiel zeigt sich im Bereich des Laufens. Lange galt die sogenannte "Vier-Minuten-Meile" für Läufer als unüberwindbare Barriere. In diesem Zusammenhang glaubte man, dass der Mensch nicht in der Lage sei, eine Meile unter vier Minuten zu laufen, da dies zuvor keine Person schaffte. Als es Roger Bannister 1954 das erste Mal gelang, diese Barriere um eine halbe Sekunde zu unterbieten, verbreitete sich die Nachricht des neuen Rekordes wie ein Lauffeuer. Daraufhin folgte ein Rekord nach dem anderen. [9]

---

[8] Vgl. *Bak* (2019), S. 44
[9] Vgl. *Frey* (2016), S. 202

1.3 Kritische Betrachtung

Es bestehen keine Zweifel, dass das Selbstwirksamkeitskonzept nach Bandura fundamentale Sachverhalte menschlichen Verhaltens und Erlebens beschreibt und eine große Relevanz in diversen Forschungsfeldern (z.B. der Lernmotivation) aufzeigt. Trotz der hohen prognostischen Valenz der Selbstwirksamkeitserwartung in vielen verschiedenen Bereichen und Kontexten weist die Theorie jedoch einige Schwächen, bzw. "blinde Flecke" auf, welche bisher kaum diskutiert wurden.

Beispielsweise ist Bandura der Auffassung, dass das Selbstwirksamkeitskonzept eine überaus hohe Bedeutung im Handlungsgeschehen aufweist und sich besser für die Erklärung und Prognose von Sachverhalten (z.B. Leistung oder Motivation) eignet als andere Konzepte. Andere Komponenten der Handlungssteuerung wurden in seiner Theorie jedoch kaum berücksichtigt. In aktuelleren Motivationstheorien ist man der Ansicht, dass die Selbstwirksamkeit lediglich eine einzige Komponente in einem umfassenden Konzept darstellt. Zudem wird erläutert, dass günstige Selbstwirksamkeitserwartungen notwendige, aber keine genügenden Bedingungen darstellen, um pädagogisch bedeutsame Sachverhalte zu erklären. Ebenfalls ist man der Auffassung, dass rein kognitive Erklärungsansätze nicht ausreichen, um das Motivationsgeschehen in seiner kompletten Bandbreite angemessen zu definieren. [10]

1.4 Selbstwirksamkeit in der Gesundheitsprävention

Grundsätzlich handelt es sich in der Gesundheitsprävention im gesundheitspsychologischen Kontext um Maßnahmen, mit dessen Hilfe Krankheiten verbessert oder gar verhindert werden sollen. Diese Maßnahmen richten sich außerdem immer an bestimmte Zielgruppen, wie beispielsweise verschiedene Bevölkerungs- oder Altersgruppen, und können demnach nicht an allen Menschen in gleichem Maße angewandt werden. Im Vorfeld sollten zudem die Ziele der Prävention definiert werden. Beispiele für unterschiedliche Zielsetzungen wären:

---

[10] Vgl. *Krapp/ Ryan* (2002), S. 54

- **Primäre Prävention** = Vorbeugung von Ersterkrankungen
- **Sekundäre Prävention** = Die Vermeidung von Verschlechterungen des aktuellen Zustandes
- **Tertiäre Prävention** = Das Vorbeugen von Rückfällen (Rezidiven) nach erfolgreicher Therapie [11]

Die Selbstwirksamkeit zählt in der Gesundheitsprävention zu den bedeutendsten Faktoren im Zuge des Gesundheitsverhaltens bei einer Person und gehört zu den kognitiv kontrollierbaren Persönlichkeitsmerkmalen. Diese haben Einfluss auf präventives Gesundheitsverhalten und tragen ebenso zur Meidung von Risikoverhalten bei. Bei der Bewältigung von Krankheiten können verschiedenste Ansätze der Selbstwirksamkeit zum Einsatz kommen. Eng verbunden mit der Selbstwirksamkeit ist das Modell der Salutogenese, welches sich mit der allgemeinen Frage beschäftigt, wie Gesundheit überhaupt entsteht. Beispiele für die verschiedenen Ansatzpunkte in der Selbstwirksamkeit sind:

- Die motivationale Selbstwirksamkeit

Diese bezieht sich auf die Aufnahme eines bestimmten, gesundheitsförderlichen Verhaltens (z.B. "Ich werde ab nun regelmäßig Sport betreiben.")

- Die Bewältigungsselbstwirksamkeit

Ist verantwortlich für das Durchhaltevermögen einer Person. (z.B. Ich gehe zum Sport, obwohl ich gerade nicht motiviert bin.")

- Die Wiederaufnahmeselbstwirksamkeit

Folgende wird als essenzielle Ressource gesehen, um langfristige Verhaltensveränderungen erfolgreich zu implementieren.

---

[11] Vgl. *Renneberg/ Hammelstein* (2006), S. 143

Wenn ein Rückfall in das alte, unerwünschte Verhaltensmuster stattgefunden hat, so ist die Wiederaufnahmeselbstwirksamkeit dafür zuständig, eine rasche Rückkehr zum beabsichtigten, positiven Verhalten herbeizuführen. (z.B. Wiederaufnahme der regelmäßigen, sportlichen Aktivität) [12]

Die Selbstwirksamkeitstheorie wurde anhand verschiedener gesundheitspsychologischer Probleme angewandt. Es konnte bereits nachgewiesen werden, dass das Immunsystem bei jenen Menschen besser funktioniert, welche über ein hohes Selbstwirksamkeitsgefühl verfügen. Darüber hinaus trägt die Selbstwirksamkeit zu einer guten psychischen Anpassung und Coping bei. Eine niedrige Selbstwirksamkeitserwartung hingegen ist häufig ein Anzeichen für Depression.

Dies resultiert daraus, dass depressive Menschen häufiger der Ansicht sind, in zentralen Lebensbereichen zu versagen. Jene Einstellung löst häufig Angst aus und kann wiederum dazu führen, dass erneute Versuche nicht gelingen und die ohnehin geringe Selbstwirksamkeit begünstigt wird. Häufig führt dies zu einem Teufelskreis. Im Zusammenhang mit Panikattacken, emotionalen Störungen und Phobien konnte man beobachten, dass die physiologische Stressreaktion bei hoher Selbstwirksamkeit geringer ausfällt und Aufgaben eher bewältigt werden können als bei Personen mit niedriger Selbstwirksamkeitserwartung. [13] Es hat sich ebenfalls herausgestellt, dass Menschen mit hoher Kompetenzerwartung eher dazu in der Lage sind, Risikoverhaltensweisen abzubauen und gleichzeitig Gesundheitsverhaltensweisen über eine längere Zeit aufrechtzuerhalten.

Ein aussagekräftiges Beispiel für die Selbstwirksamkeit in Zuge des Gesundheitsverhaltens wäre beispielsweise die Raucherentwöhnung. DiClemente, Prochaska und Gibertini (1985) stellten bei einer Studie zur Raucherentwöhnung fest, dass der Erfolg umso höher war, je höher die Kompetenzerwartung bei den jeweiligen Probanden lag. Die Versuchung und Kompetenzerwartung korrelierten dabei durchgehend negativ. Da nur eine Querschnittsanalyse durchgeführt wurde, können die Aussagen jedoch nicht absolut kausal interpretiert werden.

[12] *Kohlmann* (2003), S. 3; *Kohlmann* (2018), S. 135
[13] Vgl. *Frey* (2016), S. 206

Das Ergebnis mehrerer Studien zeigte, dass die Kompetenzerwartung vor der Behandlung relativ wenig über das Risikoverhaltung und einen damit verbundenen Rückfall aussagt. Vielmehr sei die Kompetenzerwartung nach der Behandlung ausschlaggebend, um langfristige Erfolge zu erzielen. [14]

Ebenfalls scheint die Schmerztoleranz von der Selbsterwartung abhängig zu sein. Auch wenn zwei unterschiedliche Menschen über die exakten Verletzungen oder Krankheitssymptome verfügen würden, so würde das Erleben des Schmerzes dennoch von unterschiedlichem Ausmaß sein. Diverse Einflüsse wie beispielsweise die Aufmerksamkeitssteuerung, soziale Umgebung, Symptominterpretation, wahrgenommene Kontrolle, der emotionale Zustand und weitere Faktoren spielen dabei eine entscheidende Rolle. So liegt beispielsweise die Schmerztoleranz bei jenen Menschen höher, welche auch zuversichtlich sind, Schmerzen (bspw. während eines medizinischen Eingriffes) ertragen zu können. Auch der Placebo-Effekt steht mit diesem Phänomen in Zusammenhang. Nimmt man beispielsweise ein Scheinpräparat zur Schmerzlinderung vor einer Behandlung zu sich, so erträgt man Schmerzen auch etwas länger und/ oder besser. Hier wird durch die Einnahme ganz klar die Kompetenzerwartung erhöht. Der Patient ist überzeugt davon, widerstandsfähiger zu sein als zuvor und passt auch sein Verhalten dementsprechend an.

Heutzutage steht fest, dass die Selbstwirksamkeitserwartung bei präventiver Ernährung und Gewichtskontrolle eine zentrale Rolle einnimmt und demnach als wesentliche Voraussetzung bei der Nahrungsaufnahme und der Regulierung des Gewichts gilt. Beispielsweise bei der Durchführung eines Diet-Programmes. Bei zahlreichen Studien (bspw. Chambliss und Murray 1979) stellte sich heraus, dass jene Personen, welche eine hohe Kompetenzerwartung aufwiesen, auch signifikant höhere Gewichtsverluste zu verzeichnen hatten.

Unabhängig des Alters spielt die Selbstwirksamkeitserwartung in jeder Phase des Lebens auch eine große Rolle bei der Ausübung und Aufrechterhaltung, sowie Motivation und Trainingsdauer von sportlichen Aktivitäten. Beispielsweise kann sich die Kompetenzerwartung demnach auf das körperliche und psychische Durchhaltevermögen auswirken. [15]

---

[14] Vgl. *Schwarzer* (2004), S. 62-64
[15] Vgl. *Schwarzer* (2004), S.68-73

1.5 Psychologische Faktoren in der Gesundheitsprävention

Grundsätzlich wird in der Gesundheitsprävention von einer Reihe von psychologischen Faktoren ausgegangen, welche präventive Maßnahmen zusätzlich unterstützen und diesen daher Beachtung zugeschrieben werden sollte. Beispiele für diese Konstrukte sind unter Anderem Kohärenz, Optimismus, Ziele oder das Selbstwertgefühl einer Person. In Studien korrelieren diese Konstrukte positiv miteinander. Im Folgenden werden zwei davon kurz beschrieben.

1.5.1 Kohärenz

Dieses Konstrukt wird als Grundlage für eine adaptive Bewältigung von Belastung definiert. Das Kohärenzgefühl kann einerseits von Geburt an biologisch festgelegt sein, aber auch "trainiert" und somit gesteigert werden. Ein hohes Kohärenzgefühl ist vorhanden, wenn:

- Die Anforderungen einer bestimmten Aufgabe/ Tätigkeit klar sind bzw. verstanden werden (z.B. "Ich muss lediglich meine Sporttasche packen und mache mich auf den Weg ins Fitnessstudio".)

- Der Sinnhaftigkeit eine hohe Bedeutsamkeit von der entsprechenden Person zugeschrieben wird (z.B. "Wenn ich regelmäßig Sport betreibe, wirkt sich das positiv auf mein körperliches und psychisches Wohlbefinden aus. ")

- Die Anforderungen von der entsprechenden Person als bewältigbar eingestuft werden (z.B. "Ich kann es schaffen, 3x in der Woche ins Fitnessstudio zu gehen.") [16]

---

[16] Vgl. *Schneider* (2006), S. 422-424

1.5.2 Optimismus

Wird als eine zuversichtliche und hoffnungsvolle Lebenseinstellung definiert. Es kann als protektives (=schützendes) Gesundheitsmerkmal einer Person gesehen werden und unterstützt somit positives Gesundheitsverhalten. Es ist dabei nicht von Bedeutung, worauf sich der Optimismus aufbaut. Beispielsweise kann dieser durch eine außenstehende Person, durch eine Religion oder auch die eigene Selbstwirksamkeit beeinflusst werden.

Optimistische Menschen halten verschiedene Anforderungen für schaffbar bzw. Aufgaben für erreichbar und halten die Bemühung auch aufrecht, wenn es zu Schwierigkeiten kommen sollte. Zusätzlich wird bei jenen Menschen eher ein problemorientiertes Verhalten beobachtet. Präventive Maßnahmen können durch Optimismus unterstützt werden und in Folge in selteneren Fällen zu Erkrankungen führen. [17]

2. Emotionen

Das zweite Kapitel dreht sich rund ums Thema Emotionen. Nachdem Emotionen grundlegend definiert wurden, folgt eine Beschreibung der Auswirkung dessen auf das menschliche Verhalten. Zuletzt werden Emotionen im Zusammenhang mit Marketing genauer beleuchtet und dessen Einsatzmöglichkeiten diskutiert.

Das Wort "Emotion" stammt aus dem Lateinischen (*movere*) und bedeutet so viel wie "herausbewegen". Da Emotionen ein sehr komplexes und vielschichtiges Konstrukt darstellen, ist es bis lange noch nicht gelungen, eine komplett einheitliche Definition zu finden. Grundsätzlich lässt sich jedoch behaupten, dass Emotionen ein komplexes Muster qualitativ näher beschreibbare Zustände auf eine bestimmte Situation/ Ereignis sind, welche mit Veränderungen auf einer oder mehreren Ebenen einhergehen. (z.B. physiologische Erregung, oder Gefühle) Sogenannte **Basisemotionen** stellen Emotionen dar, welche hinsichtlich des mimischen Ausdrucks universell sind und daher über eine kulturübergreifende Gültigkeit besitzen. Dazu zählen die Emotionen Wut, Ekel, Verachtung, Freude, Trauer, Angst und Überraschung.

Würde man sich beispielsweise eine Situation vorstellen, die einen froh macht, so könnten die Reaktionen der einzelnen Komponenten wie folgt aussehen:

---

[17] Vgl. *Weber* (1994), S. 191

- Physiologische Erregung: Erhöhung des Pulsschlages
- Gefühlszustand: Ausbreitung eines Gefühls von Freude
- Kognitive Prozesse: Interpretation, Erinnerungen und Erwartungen
- Sichtbare Reaktion: können im Ausdruck liegen (z.b. lächeln) oder handlungs-orientiert sein (z.b. jemanden umarmen)

Klar ist jedoch, dass Emotionen von Persönlichkeitseigenschaften und Stimmungen ab-zugrenzen sind. Während eine Eigenschaft (trait) ein andauerndes Persönlichkeitsmerk-mal beschreibt, ist mit einer Emotion (state) ein Zustand mit zeitlich begrenzter Dauer gemeint. Sogenannte Stimmungen dauern im Gegensatz zu Emotionen häufig länger an, sind jedoch weniger intensiv. [18]

Da Emotionen aus Bewertungsvorgängen resultieren und den Organismus wiederum über das Ergebnis dieser Bewertung informieren spricht man deshalb auch von der "Emotion als Information". Ein Reiz wird auf seinen Neuigkeitswert (bekannt oder neu) sowie auf die Valenz (negativ oder positiv) geprüft und danach bewertet. Viele Forscher gehen davon aus, dass diese Bewertung nicht bewusst ablaufen muss.

Emotionen stehen daher eng mit der Vorbereitung von Verhalten in Verbindung. Neben der Vorbereitung weisen Emotionen auch eine verhaltenssteuernde Funktion auf. Sie bestimmen beispielsweise, wie lange ein Verhalten ausgeführt oder wann es abgebro-chen wird. [19] Damit sind Emotionen also grundsätzlich mit Bewegung, also Verhalten, verbunden. Plutchik (2001) ist beispielsweise der Ansicht, dass unterschiedliche Emo-tionen spezifische Verhaltensweisen zur Folge haben. Eine feste Zuordnung von Ereig-nissen, Emotionen und Verhaltensweisen ist jedoch nicht gegeben. Allgemein lässt sich feststellen, dass uns positiv bewertete Ereignisse dazu bewegen Verhalten in Gang zu setzen, um diese zu erreichen oder beizubehalten (=Appetitives Motivationssystem). Negative Ereignisse animieren uns hingegen dazu, ihnen im Sinne eines Vermeidungs-verhaltens aus dem Weg zu gehen. (=Aversives Motivationssystem) [20] Folgend wird nun konkretisiert, wie sich Emotionen im Verhalten des Menschen auswirken können.

---

[18] *Gerrig* (2015), S. 457-458; *Jansen* (2018b), S. 9-11
[19] Vgl. *Brandstätter* et al. (2018). S. 170-171
[20] Vgl. *Bak* (2019), S. 182

2.1 Aufmerksamkeit

Schon zu Beginn der Informationsverarbeitung beeinflussen Emotionen die Art und Weise, worauf wir unsere Aufmerksamkeit richten, bzw. welche Informationen Vorteile enthalten. Insbesondere emotional relevante Inhalte ziehen unsere Aufmerksamkeit an. Es wurde festgestellt, dass auf positive und neutrale Reize schneller reagiert wird als auf negative. Früher erklärte man die langsamere Reaktionszeit durch die Wahrnehmungsabwehr. Eine aktuellere Methode, um die Aufmerksamkeitslenkung von emotional revelanten Reizen zu untersuchen, stellt das **Dot-Probe-Paradigma** dar. Durch verschiedene Studien, in welchen dieses Paradigma angewandt wurde, kommt man zu dem Schluss, dass emotionale Reize automatisch Aufmerksamkeit auf sich ziehen. Dazu konnte aufgezeigt werden, dass hoch ängstliche Personen ihre Aufmerksamkeit eher auf negative Reize konzentrieren.

2.2 Gedächtnis

Der Zusammenhang zwischen Gedächtnis und Emotionen wurde in der emotionspsychologischen Forschung aus diversen Perspektiven untersucht. Man hat herausgefunden, dass wenn man sich an Erlebnisse zurückerinnert (bspw. aus der Kindheit), eher an seltenere und außergewöhnliche, insbesondere aber an emotional relevante Ereignisse denkt. Als emotional relevant können dabei hervorstechend positive, aber auch negative Ereignisse gelten. Es ist umstritten, ob positive oder negative Ereignisse besser erinnert werden, denn es kommt vielmehr auf die Stärke und Ausprägung der Emotion an, welche mit einem Geschehnis in Verbindung gebracht werden. Außerdem scheinen Emotionen Einfluss auf die Eigenschaften von Gedächtnisinhalten zu haben.

Durch zahlreiche Studien ließ sich ebenfalls feststellen, dass man sich generell besser an Situationen erinnert, welche hinsichtlich der Valenz der eigenen, derzeit vorherrschenden Emotionen entsprechen. Dies wird auch als *Stimmungskongruenz* bezeichnet. [21]

---

[21] Vgl. *Brandstätter* et al. (2018), S.174-176

2.3 Problemlösung

Allgemein lässt sich sagen, dass positiv gestimmte Personen weniger Informationen für die Lösung eines Problems nutzen als negative gestimmte Menschen. Ebenfalls besitzen positiv gestimmte Personen einen weiteren Blickwinkel (Fokus liegt dabei auf die Gesamtheit des Problems) und können vermehrt Assoziationen bilden. Besonders dann, wenn kreative Wege der Problemlösung gefragt sind, dürften positive Emotionen besonders von Vorteil sein. Weiters wurde ein erweiterter Aufmerksamkeitsfokus bei positiven Emotionen festgestellt und gezeigt, dass jene eine Erleichterung bei wechselnden Aufgabenbedingungen darstellen. [22]

Auch auf zahlreiche weitere Bereiche, wie beispielsweise das Entscheidungsverhalten oder das Verhalten gegenüber anderen Mitmenschen, können Emotionen großen Einfluss haben. Aufgrund begrenzter Ressourcen werden diese jedoch nicht mehr näher beschrieben.

2.4 Emotionen im Marketing

Emotionen können im Marketing auf unterschiedlichster Art und Weise auftreten bzw. angewandt werden. Eine Auswahl an einigen Möglichkeiten von vielen wird im Nachfolgenden genauer beschrieben.

2.4.1 Emotionen und Produktdesign

Die sogenannte Konsumentenpsychologie beschäftigt sich mit dem Erleben und Verhalten von Konsumenten. Beispielsweise soll erörtert werden, wodurch Kaufentscheidungen getroffen werden oder welche Produkte bevorzugt werden. Die Emotionspsychologie stellt dabei eine wichtige Grundlage für dieses Anwendungsgebiet dar. Produkte und dessen Gebrauch sind nicht selten mit Emotionen verbunden. Bereits beim Design eines Produktes wird berücksichtigt, dass diesen bei der Kaufentscheidung eine wichtige Bedeutung zugesprochen wird. Man spricht daher auch von **Emotional Design**. Es lässt sich behaupten, dass das Fehlen von Produkteigenschaften wie Funktionalität, Benutzerfreundlichkeit, Zuverlässigkeit und Ästhetik beim Konsumenten zu negativen Emotionen führt.

---

[22] Vgl. *Brandstätter* et al. (2018) S. 179-180

Das Vorhandensein dieser muss jedoch nicht zwingend zu positiven Emotionen, da sich Konsumenten in der Regel mehr erwarten, als dass die Produkte lediglich funktionieren. Weiters wird angenommen, dass die Bedeutung von Emotionen im Marketing in Zukunft stetig zunehmen wird. Grund dafür ist, dass sich ähnliche Produkte heutzutage kaum noch in ihrem Gebrauchswert unterscheiden und kognitive Prozesse wie emotionale Aspekte bei der Kaufentscheidung zunehmend in den Vordergrund treten. In diesem Zusammenhang wird auch von einem emotionalen Erlebniswert gesprochen.

Demirbilek und Sehner (2003) beschreiben zwei verschiedene Arten von Freude, die ein Produkt dem Konsumenten bieten kann. "Soziale Freude" entsteht durch die Möglichkeit, das Produkt zur sozialen Interaktion und Kommunikation zu verwenden. "Physiologische Freude" wiederum kann durch das Halten, Berühren oder Ansehen des Produktes entstehen. Zudem kann davon ausgegangen werden, dass Produkte umso erfolgreicher sind, umso mehr Freude sie bei potentiellen Konsumenten auslösen bzw. je weniger negative Emotionen hervorgerufen werden. [23]

Neben den Produktmerkmalen ist im Zuge der emotionalen Wirkung im Marketing außerdem das Image einer Marke relevant. Dieses wird durch entsprechende Werbemaßnahmen aufgebaut und nun anschließend beschrieben.

2.4.2 Emotionale Werbung

Innerhalb der Markt- und Werbeforschung wurden schon zahlreiche Studien und Modelle von emotionaler Werbung aufgestellt. Einige der theoretischen Modelle, welche Emotionen als Reaktion auf Werbung und die damit verbundene Einstellung zur Marke erklären, sind folgende: Gefühle als Motive, Gefühle durch den Gerbrauch von Marken, Einstellungsübertragung und Emotionale Konditionierung. Aufgrund begrenzter Ressourcen wird lediglich das letztere Modell genauer beschrieben.

Die Emotionale Konditionierung bezeichnet genauer gesagt Methoden, um Marken mit angenehmen Emotionen in Verbindung zu bringen. Diese sollen meist etwa durch Bilder oder auch Musik erzeugt werden. Die bekannteste Form der emotionalen Konditionierung ist die **klassische Konditionierung**.

---

[23] Vgl. *Brandstätter* et al. (2018), S. 283-284

Erst wird die unbekannte Marke (bedingter Reiz) gezeigt und danach ein Bild (unbedingter Reiz), das angenehme Gefühle hervorruft. Ein Experiment wurde diesbezüglich von Till, Stanley und Priluk (2008) durchgeführt. Dabei stellte den bedingten Reiz die fiktive Anzeige eines Styling-Gels dar. Der unbedingte Reiz war ein Foto der Schauspielerin Jennifer Aniston, welche im Vorversuch als vertrauenswürdig beurteilt worden war. Die Ergebnisse zeigten eine positivere Einstellung gegenüber des Styling-Gels, als wenn es mit anderen Bildern assoziiert wurde. Interessant ist außerdem, dass sich diese positiven Einstellungen auch noch 2 Wochen nach dem Experiment nachweisen ließen. Wichtig zu erwähnen ist jedoch, dass die Übertragung von Gefühlen auf die beworbenen Marken nicht in jeder Kombination gleich erfolgreich ist. Mittels emotionaler Konditionierung wird der zuvor unbekannten Marke nun eine **Bedeutung** verliehen. [24]

Grundsätzlich können Emotionen also als Hilfsmittel für Marken dienen, um sich am Markt zu positionieren und von etwaiger Konkurrenz abzuheben. Besonders bei bereits gesättigten Märkten kann dadurch ein Wettbewerbsvorteil entstehen. [25]

2.4.3 "APPLE" als Beispiel von Emotionalem Marketing

Ein konkretes Beispiel einer bekannten Marke für die Nutzung von emotionspsychologischem Marketing stellt folgender Spot der Marke APPLE dar.

https://www.youtube.com/watch?v=vflb4nBhb9M

Es wird gezeigt, wie APPLE die bekannte Band U2 zur Darstellung des damals neuen IPod nutzt. Durch die Bekanntheit und die damit verbundene Sympathie der Band bei vielen Menschen wird gleichzeitig das beworbene Produkt, in diesen Fall der IPod, mit positiven Emotionen in Verbindung gebracht.

---

[24] Vgl. *Moser* (2015), S. 88-89
[25] Vgl. *Rainer* (2020), S. 16

Die Musik in dem Werbespot spielt dabei eine bedeutende Rolle. Es stellt ein wichtiges Tool dar, um die Marke mit starken Emotionen aufzuladen. Weiters ist das Farbspektrum äußerst farbenfroh gewählt, was beim Zuschauer ein Gefühl der Freude auslöst.

Ein Gefühl von Vertrautheit durch die Bekanntheit der Band breitet sich beim Zuseher aus und soll dazu führen, dass auch das gezeigte Produkt als vertrauenswürdig bewertet wird. Ziel ist es, den potentiellen Kunden mitten "ins Herz zu treffen" und durch beliebte, eingängige Musik den Marktwert zu steigern. Die Kommentare zu dem Werbespot auf der Social Media Plattform YouTube lassen darauf schließen, dass APPLE dies auch gelungen ist. BetrachterInnen schwärmen in den Kommentaren lediglich davon, dass dies einer der besten Werbespots in der damaligen Zeit gewesen sei. [26]

2.4.4 Social Media

Unter Social Media versteht man grundsätzlich Online-Medien und Technologien, welche es Nutzern ermöglichen, online einen Informationsaustausch durchzuführen. Zu den sozialen Medien zählen unter anderem die E-Mail-Kommunikation, soziale Netzwerke, Blogs, Online-Foren, Online-Communitys und Media-Sharing-Plattformen. Insbesondere junge Menschen werden durch Social-Media Kanäle erreicht, da diese kaum noch auf die klassischen Medien, wie beispielsweise Printmedien, zurückgreifen. [27]

Eine besondere Marketing-Strategie im Social Media Bereich stellt das sogenannte **Influcener Marketing** dar. Influencer (engl. to influence = beeinflussen) sind Menschen, welche aus eigenem Antrieb Inhalte zu einem bestimmten Thema in hoher, regelmäßiger Frequenz posten und damit soziale Interaktion initiieren. Jeder Nutzer von Social Media kann heutzutage Influencer werden, wenn es ihm gelingt, die Nutzer anzusprechen und genügend Aufmerksamkeit zu erzeugen. [28] Influencer wurden mit der Zeit unbewusst durch die hohe Reichweite und den viralen Effekten der Informationsweiterleitung zu Meinungsführern. Aus diesem Grund nutzten heutzutage viele Firmen Influencer, um ihr Produkt zu bewerben. Die Community des Influencers baut durch die regelmäßige Interaktion mit der Person eine gewisse Sympathie und Vertrauen auf.

---

[26] Vgl. *Ionos Digital Guide* (2020)
[27] Vgl. *Kreutzer* (2021) S. 170-171
[28] Vgl. *Deges* (2018), S. 14

Laut Statistik werden die Produktempfehlungen von Influencer als besonders glaubwürdig angesehen. Nach Freunden/ Bekannten und Kundenbewertungen sind Influencer bereits die glaubwürdigste Quelle für Produktempfehlungen.

Frage: „Welche dieser Arten von Produktinfos ist für Sie besonders glaubwürdig?

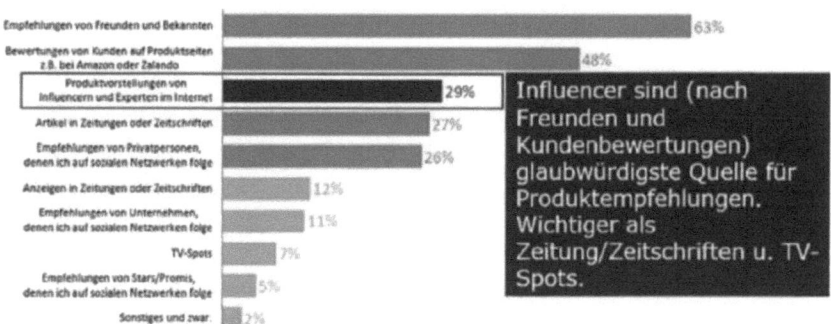

Persönliche Gründe, sich bei Influencern über Produkte zu informieren, Anteil dt. Online-User ab 14 Jahre, in Prozent, 04/2017

Abb. 1 Influencer als Quelle für Produktempfehlungen (Quelle: übernommen von BVDW und
Influry (2017) In Deges, F. (2018), S. 17)

Da hier nicht die Firma selbst, sondern jemand außenstehender Dritter Übermittler der
Werbebotschaft ist, nimmt der Konsument die "Werbung" häufig nicht als solche wahr
obwohl den meisten bewusst ist, dass Influencer für Produktempfehlungen auch bezahlt
werden. Vielmehr wird es als eine einfache Empfehlung angesehen.

Besonders Kategorien wie Lebensmittel, Elektronik, Unterhaltung und viele weitere eigenen sich für **WOM** (engl. Word Of Mouth = Mund-zu-Mund-Propaganda). Bei Produktempfehlungen durch Influencer handelt es sich um klassisches Empfehlungsmar-
keting (Referenzmarketing). Durch die Beeinflussung des Konsumenten über Social-
Media-Kanäle lässt sich bspw. die Bekanntheit einer Marke steigern. Dies muss zielge-
richtet geplant werden, um bestmögliche Ergebnisse zu erzielen. So kann es zu einem
raschen und vor allem kosteneffizienten Auf- und Ausbaus der Bekanntheit einer
Marke/ eines Unternehmens kommen.

Auch Unternehmen selbst können soziale Plattformen nutzen, um die Bekanntheit ihrer
Marke auszubauen. Dort wird eine direkte Kommunikation mit dem Käufer erreicht
und es ermöglicht, Kunden in Kreativ- und Bewertungsprozesse mit einzubeziehen.

Vorteile davon sind beispielsweise die Kosteneffizienz, die leichte Bedienbarkeit, der rasche Upload von Inhalten und viele weitere. Durch den direkten Dialog mit dem Konsumenten kann Loyalität gegenüber der Marke, Kundenbindung sowie ein positives Markenimage aufgebaut und somit die Reichweite des Unternehmens gesteigert werden.[29]

3. Motivation

Das dritte und somit letzte Kapitel dieser Arbeit beschreibt erst den Begriff Motivation genauer. Danach wird zwischen intrinsischer und extrinsischer Motivation unterschieden und variable Vergütungssysteme in Unternehmen präsentiert. Zum Schluss werden Tipps erörtert, wie sich die intrinsische Motivation bei Mitarbeitern steigern lässt.

Wie bereits in den vorherigen Kapiteln beschrieben stammt der Begriff "Motivation" aus dem Lateinischen (*movere*) und bedeutet so viel wie "bewegen". Allgemein meint man damit ein Bedürfnis oder einen Wunsch, welcher Verhalten antreibt. Organismen bewegen sich, je nach Vorlieben und Ausprägungen, auf bestimmte Reize und Aktivitäten zu, oder von ihnen weg.

Das Konzept der Motivation wird von PsychologInnen aus fünf verschiedenen Gründen verwendet:

- Um Biologie und Verhalten zu verbinden
- Um von äußeren Handlungen auf innere Zustände zu schließen
- Zur Erklärung von Verhaltensvariabilität
- Um Handlungen Verantwortungen zuzuweisen
- Zur Erklärung von Beharrlichkeit trotz Widrigkeiten [30]

Motivation kann grundsätzlich grob unterteilt werden in Verhalten, welches eher antreibt oder anzieht. Der **Trieb** (engl. *drive*) beschreibt eine Handlungsmotivation, die primär biologischer Ursache ist.

---

[29] *Deges* (2018), S. 18-21; *Jahnke* (2021), S. 24-25; *Kreutzer* (2021), S. 172-173
[30] Vgl. *Gerrig* (2015), S. 420-421

(z.B. Durst oder Hunger) Solches Verhalten kann in der Regel gut ausgewertet und beobachtet werden. Mit **Motiv** meint man eine Handlungsmotivation, welche primär psychologischer und sozialer Ursachen zu Grunde liegt. Zumeist ist sie unbewusst, kann aber auch im Rahmen der Sozialisation erlernt werden und bewusst sein. [31]

Bei Motiven wird zwischen *impliziten* und *expliziten* Motiven unterschieden. Als Implizite Motive werden verankerte, emotionale Präferenzen verstanden, welche situationsübergreifend auf bestimmte Reize in bestimmter Art und Weise reagieren. Genauer gesagt bedeutet dies, dass Personen mit unterschiedlichen Motivsystemen ein und dieselbe Situation verschieden wahrnehmen. Unter Expliziten Motiven versteht man die sprachlich ausdruckbaren Ziele und Werte einer Person. [32] Zur Erklärung der Motivation des menschlichen Verhaltens existieren eine Vielzahl an unterschiedlichen Theorien. Unter den bekanntesten finden sich bspw.: die *Triebtheorie* von Sigmund Freud bzw. Clark L. Hull, *Feldtheorien* oder etwa *Erwartungswerttheorien*. Auf diese wird in der vorliegenden Arbeit jedoch nicht weiter eingegangen.

In der Motivationspsychologie wird außerdem zwischen **intrinsischer** (von innen kommend) und **extrinsischer** (von außen kommend) Motivation unterschieden. Diese werden im Nachfolgenden genauer definiert.

3.1 Intrinsische Motivation

Implizite Motive (engl. *implicit motives*) beruhen auf ontogenetisch frühen, sprachlich affektiven Erfahrungen, welche ein Kind mit bestimmten Anreizen in ihrer sozialen Umwelt gemacht hat. Für das Leistungsmotiv kann dies der Stolz sein, wenn eine anspruchsvolle Aufgabe gemeistert wurde. Für das Machtmotiv ist es wiederum die affektive positive Erfahrung, sich selbst als stark zu erleben, wenn es einem bspw. gelingt, jemand anderen zu beeinflussen. Ein Gefühl sozialer Harmonie kann es für das Anschlussmotiv sein, wenn man Zuwendung durch andere Menschen erfährt. Durch all diese positiven, affektiven Erfahrungen werden stabile Präferenzen gebildet.

---

[31] Vgl. *Jansen* (2018b), S. 20
[32] Vgl. *Bak* (2019), S. 129

In Folge möchte man sich auch zukünftig mit Reizen aufeinandersetzen, welche ähnliche Affekte auslösen. Implizite Motive werden daher ebenfalls als affektgesteuerte Bedürfnisse beschrieben. Da sie unbewusst sind, können sie nicht über den Selbstbericht erfasst werden und fordern stattdessen einen indirekten Zugang. Das kann zum Beispiel durch die Methode der Bildgeschichtenbeschreibung erfolgen.

3.2 Extrinsische Motivation

Als explizite Motive (engl. self-attributed motives) werden bewusste Selbstzuschreibungen gesehen, welche sich später in der Kindheit durch Erwartungen und Anforderungen wichtiger Normen und Bezugspersonen als Teil des Selbstkonzepts entwickelt haben. Sie sind eng an Sprache gebunden und basieren auf sozialer Interaktion. Man beschreibt sie auch als motivationale, auf Kognitionen basierende Selbstbilder. Diese sind möglich, mittels Fragebogen zu erfassen. Es wird von positiven (Verstärkung) oder negativen (Bestrafung) Anreizen in Bezug auf die Ergebnisse gesprochen. Fallen äußere Reize wie z.B. soziale Bewertung oder Belohnung/ Bestrafung weg, so erlischt ebenfalls die extrinsische Motivation. Dank der Erwartungshaltung gegenüber Konsequenzen gelingt es auch trotz Motivationslosigkeit, Aufgaben zu erfüllen. Die Arbeitspsychologie setzt extrinsische Motivation bspw. ein, um die Leistung von MitarbeiterInnen zu erhöhen.

Explizite und implizite Motive wirken funktional zusammen, sind jedoch trotz dessen zwei unabhängig voneinander existierende Motivationssysteme. Während implizite Motive bspw. Verhalten in offenen Situationen (= operantes Verhalten) prognostizieren, so sagen explizite Motive Verhalten in klar strukturierten Situationen vorher. (= respondentes Verhalten). [33]

3.2 Variable Vergütungssysteme in Unternehmen

In Deutschland sind Vergütungspraktiken nach wie vor verstärkt diskutiert. Laut dem Deutschen Bundesministerium für Arbeit und Soziales (BMAS) verwenden etwa 60%

---

[33] *Bak* (2019), S. 128-129; *Brandstätter* et al. (2018), S. 82-83

der befragten, deutschen Unternehmen variable Vergütungssysteme, wobei sich ein Bestandteil des Gehalts an persönlichem Erfolg, Teamleistung und Unternehmenserfolg orientiert.

Es zeigen sich große Unterschiede hinsichtlich Branche, Angestelltenverhältnis und Unternehmensgröße. Allgemein lässt sich feststellen, dass umso größer das Unternehmen ist, desto eher eine variable Vergütung bevorzugt wird. Zudem ist eine variable Vergütung bei Führungskräften häufiger zu beobachten als bei einfachen Angestellten. Ebenfalls sind variable Vergütungen bei weiblichen ArbeitnehmerInnen und bei jenen, die Teilzeit arbeiten, seltener zu beobachten. Obwohl die Wirksamkeit finanzieller Anreize nach wie vor umstritten ist, so ist die Nutzung variabler Vergütungssysteme seit 2012 stabil geblieben. Oftmals finden sich als variable Vergütungen Prämien, Provisionen oder Boni. [34]

Möchte man variable Vergütungssysteme verwenden, so müssen zunächst bestimmte Maßstäbe festgelegt werden. Dazu zählt zum Beispiel die Identifizierung des Referenzjobs im Zusammenhang mit den zu erbringenden Leistungen. Das Unternehmensergebnis sowie die Erreichung der unternehmerischen Ziele müssen stets abgebildet sein. Grundgedanke spielt hierbei die Transparenz. Somit sollen Kriterien für alle MitarbeiterInnen frei zugänglich sein. Es ist zu beachten, dass diese Maßstäbe von einem Projektteam entworfen werden sollen, in welchem sich folgende Personen befinden: der Betriebsrat, einige MitarbeiterInnen, sowie mind. eine Führungskraft. [35]

Was auf den ersten Blick nach einer Win-Win-Situation erscheint, ist genauer betrachtet nicht ganz so eindeutig. Auch wenn man denken mag, dass MitarbeiterInnen bei der Aussicht auf Bonuszahlungen motivierter sind und eher Unternehmensziele erreichen, können variable Vergütungssysteme auch Nachteile mit sich bringen. Diese werden in den folgenden Kapiteln dargestellt.

---

[34] Vgl. *BMAS* (2018), S.4-5
[35] Vgl. *Weißenrieder* (2019), S. 30

3.2.1 Vorteile

- Die Aussicht auf Zusatzzahlungen kann die generelle Attraktivität des Arbeit-
  gebers steigern und somit InteressentInnen ansprechen
- Boni können MitarbeiterInnen zu höheren Leistungen motivieren (externer
  Anreiz)
- Mit Hilfe von Boni kann die Wertschätzung der Leistung von Mitarbeitenden
  gezeigt werden (Form der Belohnung)
- Angestellte können durch diesen Reiz zur Weiterbildung/ Erreichung von hö-
  heren und weiteren Zielen motiviert werden

3.2.1 Nachteile

- "Söldner-Effekt": MitarbeiterInnen messen dem Bonus mehr Bedeutung zu als
  dem tatsächlichen Arbeitsplatz/ der Arbeit selbst und können leicht abgeworben
  werden
- Die Motivation der Mitarbeiter kann durch Boni auch abflachen; um die Motivation beizubehalten oder gar zu steigern, müsste der Betrag jährlich angehoben
  werden
- Sonderzahlungen können Einkommensunterschiede der Gesellschaft weiter
  verstärken und Ungerechtigkeiten entstehen lassen
- Entstehung eines Tunnelblickes: Aufgaben außerhalb der Bonuszahlungen können als weniger bedeutsam erachtet und vernachlässigt werden

In jedem Fall sollte man die intrinsische Motivation der Mitarbeiter der extrinsischen
vorziehen. Eine rein extrinsische Motivation mit Bonuszahlungen würde uns auf Dauer
nicht glücklich machen und einen Mangel an emotionaler Bindung zum Unternehmen
hervorrufen. Auf Grund dessen, dass intrinsische Motivation nicht immer gegeben ist,
ist es jedoch unter Umständen auch hilfreich, extrinsische Motivation durch variable
Vergütungssysteme hinzuzuziehen. Bei einfachen Aufgaben scheint ein finanzieller
Anreiz eher zu guter Leistung und Zielerfüllung zu führen.

Meist ruft jedoch eine Kombination intrinsischer und extrinsischer Motivation die besten Ergebnisse bei Mitarbeitenden hervor. Auch, wenn leistungsbasierte Vergütung nach wie vor für viele eine Anreizwirkung besitzt, so sollten moderne Systeme in jedem Falle eine umfassende Strategie verfolgen und Faktoren wie ein gutes Arbeitsklima oder eine gesunde Work-Life-Balance berücksichtigen. [36]

3.3 Stärkung der intrinsischen Motivation bei Mitarbeitern

Wenn extrinsische Motivation bei MitarbeiterInnen auf lange Dauer alleine nicht unbedingt immer zielführend ist, was kann dann unternommen werden, um die intrinsische Motivation zu steigern? Genau mit diesem Aspekt wird sich das letzte Unterkapitel dieser Arbeit auseinandersetzen.

Fachkräfte müssen sich der Herausforderung der fehlenden intrinsischen Motivation bei MitarbeiterInnen immer wieder stellen. Die Gründe für die fehlende Motivation können vielfältig sein. Beispielsweise lässt sich dies durch langweilige Routineaufgaben erklären. Intrinsische Motivation entwickeln wir aus uns selbst heraus und wir erfüllen bestimmte Aufgaben, da wir ihnen eine besondere Bedeutung zumessen. Daniel Pink's Motivation Theory beschreibt drei Kriterien für den Aufbau intrinsischer Motivation:

Purpose

Angestellte müssen in ihrer Arbeit einen Sinn erkennen. Außerdem soll auf ein gemeinsames Ziel hingearbeitet werden.

Autonomy

MitarbeiterInnen müssen einen gewissen Freiraum und das Gefühl vermittelt bekommen, Verantwortung zu tragen und eigene Entscheidungen treffen zu können.

---

[36] Vgl. *Hiral.de* (2022)

Mastery

Die Arbeit an sich soll herausfordernd sein, damit sich MitarbeiterInnen weiterentwickeln können. Es soll jedoch auch nicht zur Überforderung kommen. Trotz Herausforderung soll das Gefühl aufkommen, entsprechende Aufgaben erfolgreich bewerkstelligen zu können.

Grundsätzlich können viele verschiedene Wege zur Zielführung eingesetzt werden. Zusätzlich zu den oben genannten Kriterien sollte die Arbeit auch abwechslungsreich sein und die Qualität und Quantität der Arbeitsleistung erlebbar gemacht werden. (Bspw. Durch Rückmeldung wie Lob durch die Führungskraft).

Abschließend lässt sich sagen, dass ein gutes Zusammenspiel der all zuvor erwähnten Kriterien eine gute Voraussetzung darstellt, um die intrinsische Motivation bei Mitarbeitern auf lange Zeit und mit qualitativer Wertigkeit zu steigern.[37]

---

[37] *Mühlenhof* (2018), S. 23-24; *Hiral.de* (2022)

Literaturverzeichnis

Bak, P. M. (2019), Lernen, Motivation und Emotion: Allgemeine Psychologie 2, 2. Aufl., Berlin.

Brandstätter, V., Schüler, J., Puca, R. M. & Lozo, L. (2018), Motivation und Emotion: Allgemeine Psychologie für Bachelor, 2. Aufl., Berlin.

Bundesministerium für Arbeit und Soziales (2018), Variable Vergütungssysteme: Aktuelle Ergebnisse einer Betriebs- und Beschäftigtenbefragung, 1. Aufl., Deutschland.

Deges, F. (2018), Quick Guide: Influencer Marketing, 1. Aufl., Wiesbaden.

Frey, D. (2016), Psychologie der Werte, 1. Aufl., Heidelberg.

Gerrig, R. J. (2015), Psychologie, 20. Aufl., Hallbergmoos.

Jahnke, M. (2021), Influencer Marketing, 2. Aufl., Wiesbaden.

Jansen, L. (2018a), Motivation und Volition, 1. Aufl., Studienbrief der SRH Fernhochschule, Riedlingen.

Jansen, L. (2018b), Emotionen, 1. Aufl., Studienbrief der SRH Fernhochschule, Riedlingen.

Jerusalem, M. & Weber, H. (2003), Psychologische Gesundheitsförderung: Diagnostik und Prävention, 1. Aufl., Göttingen.

Kohlmann, C.-W., Salewski, C. & Wirtz M. A. (2018), Psychologie in der Gesundheitsförderung, 1. Aufl., Göttingen.

Krapp, A. & Ryan, R. M. (2002), Selbstwirksamkeit und Lernmotivation, Zeitschrift für Pädagogik, Beiheft 44, S. 54-82, Weinheim.

Kreutzer, R. T. (2021), Online-Marketing, 3. Aufl., Wiesbaden.

Moser, K. (2015), Wirtschaftspsychologie, 2. Aufl., Heidelberg.

Mühlenhof, M. C. (2018), Chefsache Intrinsische Motivation, 1. Aufl., Wiesbaden.

Müsseler, J. & Rieger, M. (2017), Allgemeine Psychologie, 3. Aufl., Heidelberg.

Neyer, F. J. & Asendorpf, J. B. (2018), Psychologie der Persönlichkeit, 6. Aufl., Berlin.

Rainer, R. C. (2020), Digital Signage am Point Of Sale, 1. Aufl., Wiesbaden.

Rauthmann, J. F. (2017), Persönlichkeitspsychologie: Paradigmen-Strömungen-Theorien, 1. Aufl., Berlin.

Renneberg, B. & Hammelstein, P. (2006), Gesundheitspsychologie, 1. Aufl., Heidelberg.

Schmithüsen, F. (2015), Lernskript Psychologie: Die Grundlagenfächer kompakt, 1. Aufl., Heidelberg.

Schneider, W. (2006), Gesundheitsverhalten und präventive Interventionen, Psychotherapeut 2006, 51: S. 421-432, Heidelberg.

Schwarzer, R. (2004), Psychologie des Gesundheitsverhaltens: Einführung in die Gesundheitspsychologie, 3. Aufl., Göttingen.

Weber, H. (1994), Veränderung gesundheitsbezogener Kognition In Schwenkmezger, P. & Schmidt, L. R., Lehrbuch der Gesundheitspsychologie, Stuttgart.

Weißenrieder, J. (2019), Nachhaltiges Leistungs- und Vergütungsmanagement, 2. Aufl., Wiesbaden.

Internetquellen

Digital Guide IONOS (2020), Emotional Marketing, https://www.ionos.at/digitalguide/online-marketing/verkaufen-im-internet/emotional-marketing/, zuletzt abgerufen am 30.01.2023

Rätze, L. In Hiral (2022), Variable Vergütung-Ist sie wirklich der Schlüssel zur Mitarbeitermotivation? https://hiral.de/ratgeber/personalmanagement/variable-vergutung-mitarbeitermotivation, zuletzt abgerufen am 30.01.2023

YouTube (2007), U2 IPod Ad, https://www.youtube.com/watch?v=vflb4nBhb9M, zuletzt abgerufen am 29.01.2023